BEI GRIN MACHT SICH IHR WISSEN BEZAHLT

AF149647

- - Wir veröffentlichen Ihre Hausarbeit,
  Bachelor- und Masterarbeit

- - Ihr eigenes eBook und Buch -
  weltweit in allen wichtigen Shops

- - Verdienen Sie an jedem Verkauf

Jetzt bei www.GRIN.com hochladen und kostenlos publizieren

Bibliografische Information der Deutschen Nationalbibliothek:

Die Deutsche Bibliothek verzeichnet diese Publikation in der Deutschen National-
bibliografie; detaillierte bibliografische Daten sind im Internet über http://dnb.d-
nb.de/ abrufbar.

Impressum:

Copyright © 2015 GRIN Verlag
Druck und Bindung: Books on Demand GmbH, Norderstedt Germany
ISBN: 9783668230286

Dieses Buch bei GRIN:

https://www.grin.com/document/323194

Kati Fengler

Der Sächsische Entwicklungsbaum in der Praxis. Ein neues Beobachtungs- und Dokumentationsverfahren

GRIN Verlag

GRIN - Your knowledge has value

Der GRIN Verlag publiziert seit 1998 wissenschaftliche Arbeiten von Studenten, Hochschullehrern und anderen Akademikern als eBook und gedrucktes Buch. Die Verlagswebsite www.grin.com ist die ideale Plattform zur Veröffentlichung von Hausarbeiten, Abschlussarbeiten, wissenschaftlichen Aufsätzen, Dissertationen und Fachbüchern.

Inhaltsverzeichnis

1 Einleitung

„Es gibt nichts Praktischeres als eine gute Theorie." Immanuel Kant (1724-1804), dt. Philosoph

Und wenn diese dann noch umgesetzt werden kann, ist es doch perfekt.
Mir wurde das Thema „Der „Sächsische Entwicklungsbaum" als neues Beobachtungsverfahren" für meine Facharbeit vorgeschlagen. Daraufhin wollte ich dessen Umsetzbarkeit in der integrativen Kindertagesstätte „X" überprüfen und herausfinden, ob diese
gutklingende Theorie auch für die Praxis rentabel ist und sich etablieren kann.
Die Leiterin meines Einsatzbereiches schlug mir dieses Thema vor und lies mir Be-
denkzeit, um mich zu entscheiden. Ich befasste mich mit dem „Sächsischen Entwicklungsbaum" und nahm die Herausforderung an. Die Motivation für dieses Thema erhielt
ich durch verschiedene Aspekte. Zum Einen fiel mir bereits in meinem ersten Block-
praktikum auf, dass es kein einheitliches Beobachtungsverfahren in der integrativen
Kindertagesstätte „X" gibt. Das wäre aber eine Erleichterung für alle Praktikanten, denn
sie bekommen oft die Aufgabe, Kinder zu beobachten und haben häufig keine Erfah-
rungen und Vorstellungen, welches Beobachtungsverfahren sie anwenden können.
Zum Anderen stellte sich nach Gesprächen mit den pädagogischen Fachkräften der
Einrichtung über Beobachtungs- und Dokumentationsverfahren heraus, dass sich alle
ein einheitliches praktikables und „pädagogisch wertvolles" Verfahren wünschen, da
sie alle unterschiedlich dokumentieren und dies oft nur sehr sporadisch.
Als ich der Leiterin der Kita, nach meinen Überlegungen sagte, dass ich das Thema
übernehmen möchte, teilte sie mir ihre Vorstellungen mit. Dadurch stieg meine Motivation weiter, denn sie sagte mir, dass ich als Praktikantin ein wesentlicher Bestandteil
bei der Einführung eines neuen Beobachtungs- und Dokumentationsverfahrens sein
darf, welches in allen städtischen Kindertagesstätten der Stadt Y/V. angewendet werden soll.
Nach Absprache mit Frau A. gab ich den Mitarbeitern der Einrichtung einen Fragebo-
gen. Diesen teilte ich am 05.Januar 2015, eine Woche vor einer Weiterbildung zu diesem Thema, aus. Am 13.Januar, zum Tag der Weiterbildung, sammelte ich den Frage-
bogen von den Mitarbeitern zur Auswertung wieder ein.
Ich habe mich für die wissenschaftliche Methode „Befragung" entschieden, da ich der
Meinung bin, so das beste Ergebnis zu erzielen. Vorgaben für meine Befragung gab es
nicht, da ich überwiegend mit offenen Fragen arbeitete, um individuellere Antworten zu
erhalten. Durch die Meinungen der pädagogischen Fachkräfte wurde die Dringlichkeit
der Umsetzung eines einheitlichen Beobachtungs- und Dokumentationsverfahren deutlich erkennbar. Ich selbst werde das Beobachtungsverfahren ausprobieren. Zudem
werde ich mit den pädagogischen Fachkräften Konkretisierungen der Items bearbeiten
und bin aktiv bei der Umsetzung dabei. Des Weiteren werde ich die Mitarbeiter bitten,

mir eine Auswertung nach Anwendung des „Sächsischen Entwicklungsbaumes" zu geben und werde diese zusammenfassend protokollieren. Ziel meiner Arbeit ist es, gemeinsam mit den Mitarbeitern der integrativen Kindertagesstätte „X", das neue Beobachtungs- und Dokumentationsverfahren einzuführen und umzusetzen.

2 Bedeutung der Beobachtung und Dokumentation für die Arbeit in einer Kindertagesstätte

Für die Arbeit des pädagogischen Fachpersonals ist die Beobachtung und Dokumentation unumgänglich und sehr bedeutsam. Zunächst tritt die gesetzliche Grundlage in Kraft und diese richtet sich nach dem Sächsischen Kitagesetz, darin heißt es: „Der sächsische Bildungsplan ist die Grundlage für die Gestaltung der pädagogischen Arbeit in den Kindertageseinrichtungen und in der Kindertagespflege." (Sächs.KitaG §2 (1)). Der darin erwähnte Sächsische Bildungsplan ist somit Leitfaden der pädagogischen Fachkräfte in Sachsen. Auf mehreren Seiten wird auf die Bedeutsamkeit hingewiesen, Kinder zu beobachten und ihre Entwicklungen zu dokumentieren. Doch bevor auf die Bedeutung eingegangen wird, ist es wichtig zu klären, was Beobachtung und Dokumentation ist.

Die Beobachtung ist ein Vorgang der Wahrnehmung mit verschiedenen Sinnen, vorwiegend geschieht dieser aufmerksame und planvolle Prozess durch Sehen und Hören. Durch die Methode der Fremdbeobachtung werden Vorgänge oder Ereignisse erfasst, welche sich in der Umgebung befinden. Dies kann zufällig sein oder die Beobachtung findet geplant statt und erfasst bestimmte Bereiche, dann handelt es sich um eine wissenschaftliche beziehungsweise systematische Beobachtung. Dabei werden häufig mehrere Beobachtungsmethoden angewendet. Wenn ein Beobachter in das laufende Geschehen eingebunden ist, handelt es sich um eine teilnehmende Beobachtung, ist er es nicht, so ist dies eine nichtteilnehmende Beobachtung. Auch das Wissen des Zu-Beobachtenden spielt eine wesentliche Rolle bei der Methode, hierbei wird in den häufigsten Fällen offen verfahren, das heißt der Zu-Beobachtende weiß, dass er jederzeit beobachtet werden kann. Falls der Betroffene nichts davon weiß, handelt es sich um eine verdeckte Beobachtung. Den bisherigen Methoden ist hinzuzufügen, dass entweder frei, also mit allgemeinen Beobachtungsregeln beobachtet werden kann oder strukturiert verfahren wird. Bei der strukturierten Variante wird nach einem bestimmten Beobachtungsplan gearbeitet.

Die Dokumentation folgt der Beobachtung und ist das schriftliche Festhalten von wahrgenommenen Vorgängen, welche entweder während oder unmittelbar nach dem Ereignis oder dem Vorgang stattfindet. Sie „lässt Veränderungen und Entwicklungen von Kindern erkennen und dient gleichzeitig als Fundament für die weitere Arbeit." (SMK (2011), S. 153, Sächsischer Bildungsplan, Weimar, Berlin: das netz). Bedeutend ist die Beobachtung und Dokumentation für alle am Bildungsprozess beteiligten Personen. Es wird Aufschluss darüber gewonnen, wie der Entwicklungsstand eines Kindes ist und wo seine Stärken oder Schwächen liegen. Die Beobachtung gibt Klarheit über verschiedene Kompetenzen eines Kindes, ob Förderbedarf besteht oder die Einbeziehung anderer Institutionen notwendig ist. Verschiedene Auffälligkeiten können frühzeitig erkannt und gegebenenfalls behandelt werden. Vor allem zeigt sie die bereits erwähnten Stärken eines jeden Kindes auf, welche besonders im Fokus stehen. Die pädagogischen Fachkräfte sind angehalten, einem Kind immer positiv entgegen zu treten. Im sächsischen Bildungsplan steht geschrieben: „Ein wohlwollender, ermutigender Blick auf Kinder vermag, die Ressourcen, Stärken und Entwicklungsprozesse jedes einzelnen Kindes zu erfassen." (SMK (2011), S. 152, Sächsischer Bildungsplan, Weimar, Berlin: das netz). Diese wohlwollende und ermutigende Haltung bedeutet, dem Kind gegenüber freundlich, herzlich und entgegenkommend zu sein. Eine gewisse Distanz und dieser gutgesinnte Blick helfen bei Beobachtungen, Selbstverständlichkeiten wieder als Besonderheit anzusehen und diese auch so wahrzunehmen. Des Weiteren können Veränderungen bei Kindern wahrgenommen werden. Diese kann Entwicklungsrückstände oder -fortschritte betreffen. Zudem werden die Bildungsthemen der Kinder erfasst, das heißt aktuelle Interessen, Bedürfnisse und Fähigkeiten werden beobachtet. Erzieher-/innen sind nur so in der Lage, den Gruppenalltag sinnvoll und für die Kinder interessant und motivierend zu gestalten. Dies kann im Einzelfall oder im Gruppenprozess geschehen. Die daraufhin stattfindenden Aktivitäten fördern die Kinder und unterstützen ihre Entwicklung. Durch Beobachtungen im Freispiel oder bei Aktivitäten ist eine Selbstreflexion der eigenen pädagogischen Arbeit erst möglich. Diverse Fragen, z.B.: „Wie kommen die gesetzten Impulse oder angebotenen Materialien und Spiele bei den Kindern an und sind diese altersgerecht und entwicklungsfördernd? ", all dies ist nur durch Beobachtung erkennbar. Ein weiterer wichtiger Punkt ist die Zusammenarbeit mit den Eltern. Zum Einen wird durch Beobachtung und Dokumentation Transparenz der Arbeit geschaffen, das heißt Eltern werden über Erlebnisse, Aktivitäten oder verschiedene Spiele ihrer Kinder informiert. Zum Anderen erfahren die Eltern bei Entwicklungsgesprächen, wo Stärken und Schwächen ihres Kindes liegen. Die Erzieher-/innen haben durch die Dokumentation detaillierte Anhaltspunkte, die sie mit den Eltern besprechen können und stellen ihre Kompetenz und Fachlichkeit unter Beweis.

Gegenüber der Leitung geben die Mitarbeiter Auskunft, welches Verfahren sie anwenden und wie häufig Entwicklungsgespräche stattfinden. Die Leitung kann ihrem Träger aufgrund dieser Informationen, Auskunft geben und schafft Transparenz der pädagogischen Arbeit.

Die Informationen und Gespräche sind wichtig für die Leitung und ihr Team. Sie können über Vorgänge und Ereignisse sprechen und sich untereinander beraten. Durch die Dokumentation sind Fallbesprechungen im Erzieherteam fachlich fundiert und durchführbar. Die Fachkräfte erhalten Zuspruch oder bekommen Impulse für neue Sichtweisen. Die Teamgespräche geben Möglichkeiten, das eigene Handeln zu reflektieren und sich eine Meinung über andere Ansichten machen zu können. Das eigene Handeln wird überdacht und es öffnen sich mitunter neue Wege.

3 Einsatzmöglichkeiten des „Sächsischen Entwicklungsbaumes" in einer Kindertagesstätte

3.1 Aufbau des „Sächsischen Entwicklungsbaumes"

Die gesamte Farbgestaltung des Heftes „Sächsischer Entwicklungsbaum" wurde in den Farben grün und gelb gewählt, da diese Zwei eng mit dem Bundesland Sachsen in Verbindung stehen. Der „Baum der Erkenntnis" diente als Inspiration für das Symbol des „Sächsischen Entwicklungsbaumes" und verkörpert lebenslanges Lernen.

Im Wurzelbereich befinden sich die sechs Bildungsbereiche des Sächsischen Bildungsplanes mit den jeweiligen Inhalten. Um einen Einblick zu geben, welche Ziele und Inhalte zu den einzelnen Bereichen gehören, werden diese kurz beschrieben, bevor auf die einzelnen Fähig- und Fertigkeiten eingegangen wird. Wenn ein Kind Stärken in den angegebenen Items (Punkten) aufweist, wird dies entweder mit einem Kreuz gekennzeichnet oder farbig markiert. Oberhalb des Stammes, in der Zweigschicht, befinden sich Auszüge des sächsischen Grundschullehrplanes für die erste und zweite Klasse. Die Krone des Baumes wurde exakt aus dem Grundschullehrplan übernommen und zeigt Ziele auf, die bis zum Ende der Grundschulzeit angesteuert werden. Häufig kommt es vor, dass Kinder bereits im Kindergartenalltag Fähigkeiten besitzen, die normalerweise erst in der Grundschule erworben werden. Falls dies der Fall ist, werden entsprechende Markierungen in der Baumkrone vorgenommen und nicht getrennt voneinander betrachtet. Beim Betrachten des „Sächsischen Entwicklungsbaumes" fallen kursive Begrifflichkeiten auf, diese stehen für Materialien der Pädagogik von Maria Montessori.

3.2 Inhaltliche Schwerpunkte im Zusammenhang mit dem Sächsischen Bildungsplan

Der „Sächsische Entwicklungsbaum" wurde an der evangelischen Hochschule für Soziale Arbeit in Dresden entwickelt. Er dient als Beobachtungs- und Dokumentationsverfahren und ist zugleich ein Instrument zur Übergangsgestaltung von sächsischen Kindertagesstätten und Schulen. Die Autorinnen Anja Scholz-Petzold und Kathleen Siebert fügten Inhalte des Sächsischen Bildungsplanes und des Sächsisches Grundschullehrplanes zusammen und ergänzten Items durch Materialien der Montessori-Pädagogik. (Scholz-Petzold A./Siebert K. (2014), Sächsischer Entwicklungsbaum, S. 2) Wie im Kapitel 2.1 bereits erwähnt, arbeiten Einrichtungen und Grundschulen nach denen in Sachsen vorgeschriebenen Richtlinien. Diese Tatsache erleichtert die Arbeit mit dem „Sächsischen Entwicklungsbaum" und unterstützt somit alle Pädagogen, gleich ob Erzieher-/innen oder Lehrer-/innen. In den folgenden Abschnitten wird der Zusammenhang zwischen Schwerpunkten aus dem „Sächsischen Entwicklungsbaum" und dem Sächsischen Bildungsplan dargestellt.

Die Autorinnen erarbeiteten nachfolgende Schwerpunkte:

„Der „Sächsische Entwicklungsbaum" ist ein standardisiertes und strukturiertes Beobachtungs- und Dokumentationsverfahren und ermöglicht damit eine gute Handhabbarkeit im pädagogischen Alltag sowie eine objektive Betrachtung der Entwicklung" (Scholz-Petzold A./Siebert K. (2014), Sächsischer Entwicklungsbaum, S. 2).

Der Sächsische Bildungsplan sieht in diesem Zusammenhang, die Verschiedenartigkeit der Kinder, denn diese sind in ihrer Persönlichkeit individuell. Sie haben unterschiedliche Bedürfnisse, Interessen und Wünsche, sodass diese immer individuell betrachtet werden. Daher werden im Sächsischen Bildungsplan keine Vorschriften gemacht, wann ein Kind etwas bringen sollte und in welchem Bereich es diesen und jenen Stand erreicht haben sollte. Die Individualität ist einer der wichtigsten Gesichtspunkte, wenn auf Kinder geblickt wird. Daher wird auf Einschätzungsbögen mit Altersangaben verzichtet und dies wird über den Kindergarten hinaus fortgesetzt. „Denn Grundschulen in Sachsen erkennen die Heterogenität der Schulanfängerinnen und Schulanfänger an und nutzen sie gerade in der Schuleingangsphase [....]." (SMK (2011), S. 14, Sächsischer Bildungsplan, Weimar, Berlin: das netz)

Ein weiterer Schwerpunkt des „Sächsischen Entwicklungsbaums" besagt:

Er „ist inklusiv und ressourcenorientiert - nur positive Entwicklung wird dokumentiert, jedes Kind „klettert" in seinem eigenen Tempo" (Scholz-Petzold A./Siebert K. (2014), Sächsischer Entwicklungsbaum, S. 2). Die im ersten Schwerpunkt angesprochene Individualität ist maßgeblich für den Lernprozess des Kindes. Bei diesem Prozess spielen verschiedene Faktoren und Voraussetzungen eine gewichtige Rolle. Die Partizipation ist unerlässlich, das heißt in wieweit wird das Kind bei Wünschen und Bedürfnissen am Lernprozess beteiligt. Auch der im gesamten Tagesablauf wichtige Austausch mit anderen Kindern, Erziehungsberechtigten, Fachkräften und anderen Personen ist ein enormer Einflussfaktor im Lernprozess. Durch diese und weitere unterschiedliche Bedingungen des Aufwachsens, verlaufen der Lernprozess und die Entwicklung bei Kindern ungleich, wodurch sich ein unterschiedliches Tempo im Aufzeigen von Stärken ergibt.

Der nächste Schwerpunkt des „Sächsischen Entwicklungsbaumes" lautet:

Er „ist individuell - jedes Kind hat sein eigenes „Baumbuch", in welchem seine Entwicklung, seine Stärken, seine besonderen Interessen und Vorlieben und seine bereits erreichten Ziele festgehalten werden" (ebd., S.2). Durch die Wahrnehmung verschiedener Prozesse oder Vorgänge ist es den pädagogischen Fachkräften erst möglich, die Kompetenzen der Kinder in Gruppen- oder Einzelsituationen zu erkennen. Dabei wird die Einzigartigkeit jedes Kindes berücksichtigt und die Stärken sowie erworbene Fähig- und Fertigkeiten werden individuell schriftlich festgehalten. Der „Sächsische Entwicklungsbaum" ist nicht als Katalog zu verstehen, in welchem pro Seite steht, was das Kind in dem jeweiligen Lebensmonat oder -jahr erreicht haben sollte. Vielmehr unterstützt er die Individualität und zeigt dem Kind, was es bereits gelernt hat.

Die nächsten beiden Schwerpunkte sind gut überein zu bringen und stellen die enge Verbindung von Kita und Grundschule dar. Die Autorinnen schreiben:

Der „Sächsische Entwicklungsbaum", „ist das bisher einzigste Instrument, welches Kinder von 0 - 10 Jahren intensiv begleitet und damit eine ganzheitliche Sicht auf die Entwicklung des Kindes bietet" und er „verbessert den Übergang, intensiviert die Kooperation von Kita, Tagespflege, Hort und Grundschule und verhindert Abbrüche in der Bildungsbiographie des Kindes" (ebd., S. 2). Pädagogisches Fachpersonal von Kitas und Lehrer-/innen sind seit der Neuauflage der Lehrpläne angehalten noch enger miteinander zu kooperieren. Im letzten Jahr des Kindergartens werden die Kinder sehr intensiv auf die Schule vorbereitet. Hierbei vollziehen Einrichtungen unterschiedliche Rituale, doch inhaltlich arbeiten alle nach dem sächsischen Bildungsplan. Die sechs Bereiche des sächsischen Bildungsplanes werden dabei nicht getrennt voneinander gesehen, sondern als ganzheitlicher Prozess betrachtet. Der „Sächsische Entwicklungsbaum" ist danach aufgebaut und gewährleistet somit die ganzheitliche Sicht auf das Kind. Die Grundschule verschafft sich einen Überblick über die vorhandenen Ressourcen und Stärken und kann darauf aufbauen.

Ein weiterer Schwerpunkt ist die Zusammenarbeit mit den Eltern. Diese Kooperation ist für jede Institution, gleich ob Kindertagesstätte oder Grundschule, unabdinglich. Bei der Arbeit mit dem „Sächsischen Entwicklungsbaum" in der Kindertagesstätte haben die pädagogischen Fachkräfte die Möglichkeit ein einheitliches Beobachtungsverfahren für

Entwicklungsgespräche anzuwenden. Diese Gespräche dienen dem Beziehungsaufbau zwischen Erzieher-/innen und den Eltern, denn ohne eine vertrauensvolle Grundhaltung ist die Kooperation beider Gesprächspartner gehemmt. Des Weiteren erhalten die Erziehungsberechtigten Einblicke in die Arbeit der Erzieher-/innen und die Einrichtung schafft somit Transparenz ihrer Arbeit, welche auch im sächsischen Bildungsplan als ein Schwerpunkt genannt wird. Die Eltern erfahren bei Entwicklungsgesprächen, welche Fähig- und Fertigkeiten ihr Kind bereits erworben hat, welche Kompetenzen ausgeprägt sind und wo die alltägliche Unterstützung optimiert oder intensiviert werden sollte.

Im sächsischen Bildungsplan wird Vieles sehr allgemein angesprochen und ist für diejenigen, die sich vorher nicht mit den einzelnen Begriffen oder Inhalten auseinandersetzen, teils unverständlich. Im sozialen Bildungsbereich gibt es den Begriff „Differenzerfahrung". Darin heißt es z.B.: „[...] Erkennen unterschiedlicher Generationen sowie verschiedener gesundheitlicher und emotionaler Zustände". (SMK (2011), S. 68, Sächsischer Bildungsplan, Weimar, Berlin: das netz)
Im „Sächsischen Entwicklungsbaum" hingegen, ist das Meiste klar definiert und verständlich geschrieben. Unter dem Begriff „Differenzerfahrung" steht z.B. „sich in Gedanken / Gefühle / Sichtweisen anderer hineinversetzen" (Anja Scholz-Petzold, Kathleen Siebert: Sächsischer Entwicklungsbaum. Für Kinder im Alter von 0 - 10 Jahren (Dritte Auflage), o. O., Februar 2014). Bei diesem Item wird in Gedanken, Sichtweisen und Gefühle unterschieden. Dies kennzeichnet die Abtrennung durch einen Schrägstrich und kann gegebenenfalls markiert werden. Der Leser weiß bei diesen Punkten, was gemeint ist und kann sich ein Bild darüber verschaffen, ob das Kind diese Kompetenz bereits erreicht hat oder nicht.

3.3 Vor- und Nachteile des „Sächsischen Entwicklungsbaumes"

Bereits vor der praktischen Anwendung des „Sächsischen Entwicklungsbaumes" zeichnen sich diverse Vor- und Nachteile der Umsetzbarkeit ab.
Zu den Vorteilen gehört die Einteilung der Bildungsbereiche nach dem sächsischen Bildungsplan. Das Wissen und die tägliche Arbeit basierend auf dem sächsischen Bildungsplan erleichtert den pädagogischen Fachkräften den Einstieg in dieses Beobachtungsverfahren. Alle Fachkräfte der Kindertageseinrichtungen in Sachsen arbeiten mit diesem Leitfaden und sind mit der Aufteilung vertraut.
Auch die Übersichtlichkeit des „Sächsischen Entwicklungsbaumes" ist von großem Vorteil. Der Aufbau und die Inhalte werden auf den ersten Seiten klar und deutlich be-

schrieben. Zu den einzelnen Bildungsbereichen gibt es eine kurze Einführung und anschließend werden die Bildungsbereiche und Unterrichtsfächer unterteilt.

Durch die Einheitlichkeit der Arbeit wird die Kooperation mit den Eltern erleichtert, da Entwicklungsgespräche auf dem gleichen Beobachtungsverfahren aufgebaut sind.

Wenn Kinder lesen können und sich ihren „Sächsischen Entwicklungsbaum" anschauen, wird aller Voraussicht nach, ihr Selbstbildungsprozess aktiviert und dies geschieht durch intrinsische Motivation. Das Kind entwickelt selbst Ziele oder Wünsche, etwas zu schaffen oder zu können, ohne dass es ihm gesagt wird.

Das Team kann enger zusammenarbeiten, da der „Sächsische Entwicklungsbaum" in der gesamten Einrichtung zum Einsatz kommt und für alle Kinder im Alter von 0 - 10 Jahren angewendet wird.

Kinder werden nicht in Schubladen gesteckt. Es wird ihnen Zeit und Raum für eine individuelle Entwicklung gegeben. Dennoch ist es den Erzieher-/innen durch ihre professionelle Ausbildung und ihre Berufserfahrung möglich, Auffälligkeiten, die nicht altersgerecht sind, zu erkennen. Dementsprechende Gespräche würden bei Auffälligkeiten der Kinder zum frühestmöglichen Termin vereinbart werden.

Auch Nachteile zeigen sich bereits im Vorfeld auf. Auf diese wird im folgenden Abschnitt eingegangen. Hier besteht die Aufgabe der Gruppenerzieher-/innen, die eventuell empfundenen Nachteile in individuellen Gesprächen zu erklären.

Es gibt gewisse Items, die zu allgemein gehalten sind, z.B. „halten sich an Regeln am Tisch". Für die Einen bedeutet dies, dass die Kinder ruhig sind. Für Andere bedeutet es, dass sich leise unterhalten werden darf. Somit bedarf es einer intensiven Auseinandersetzung im Team, dass alle das Gleiche unter den Items verstehen. Auf eine Altersangabe wurde bewusst verzichtet, um die Individualität eines jeden Kindes zu unterstreichen. Dies kann bei manchem Betrachter als Nachteil angesehen werden, z.B. können Eltern nicht einschätzen, welche Fähig- und Fertigkeiten ihres Kindes in den jeweiligen Altersstadien typisch bzw. untypisch sind. Es kann für die Eltern die Frage auftreten, ob ihr Kind altersgerecht entwickelt ist. Hierbei sind die theoretischen Kenntnisse der pädagogischen Fachkräfte wichtig, die durch ihre Berufsausbildung und ihre Berufserfahrung auf die individuellen Fragen der Eltern eingehen können.

Der „Sächsische Entwicklungsbaum" ist für Kinder von 0 - 10 Jahren geeignet und sollte mit Schuleintritt des Kindes von der Schule weitergeführt werden. Da aber bisher nicht viele Schulen mit diesem Verfahren arbeiten, ist es schwer nachzuvollziehen, ob das Verfahren auch weitergeführt wird.

Falls die Kosten von 10 € pro Heft und Kind nicht in den Haushaltsplan aufgenommen werden, entstehen für die Eltern Kosten. Falls Eltern mehrere Kinder in der Einrichtung haben, kann das zu Diskussionen führen. Es wird ein Elternabend notwendig sein, in dem das neue Beobachtungsverfahren vorgestellt wird und die Kosten begründet werden können.

4 Rahmenbedingungen der integrativen Kindertagesstätte „X"

Meine Praktikumseinrichtung ist die integrative Kindertagesstätte „X" in Y/Z. Der Träger der Einrichtung ist die Stadt Y. Die Kapazität der Einrichtung ist auf insgesamt 230 Plätze begrenzt. Aktuell befinden sich 35 Krippenkinder, 68 Kindergarten- und 109 Hortkinder in der Kindertagesstätte. Die familienunterstützende Einrichtung bietet ein vielfältiges Betreuungsangebot, welches sich an der Lebenssituation der Familie orientiert und in die Bereiche Krippe, Kindergarten und Hort unterteilt ist.

Die Einrichtung befindet sich am Stadtrand von Y, inmitten eines Neubaugebietes. Das Umfeld schließt eine Grundschule und ein Mehrgenerationenhaus ein. Besonderheit ist das Naturgebiet, welches in wenigen Metern zu erreichen ist und optimal für verschiedene Aktivitäten genutzt werden kann. Die 14 Gruppenräume der Einrichtung sind alle sehr hell, da die großzügigen Fensterfronten viel Tageslicht herein lassen und die Wände in freundlichen Farben gestrichen wurden. Das Außengelände verfügt vom Krippen- bis zum Hortbereich über 7500 m² und bietet jedem Alter verschiedenste Möglichkeiten zum Spielen. In der Einrichtung betreuen die Leiterin und 21 Erzieher/-innen die Kinder zwischen 06:00 und 17:00 Uhr, bei Bedarf auch bis 20:00 Uhr. Die Betreuung findet überwiegend in den Gruppenräumen statt, lediglich vor 07:30 Uhr und nach 16:00 Uhr befinden sich die Kinder im Früh- bzw. Spätdienstzimmer. Die integrative Kindertagesstätte „X" unterscheidet sich im Wesentlichen durch die Aufnahme von Kindern mit erhöhtem Förderbedarf. Zur Sicherstellung einer optimalen Betreuung und Förderung gibt es drei Erzieherinnen mit heilpädagogischer Zusatzqualifizierung sowie eine Heilpädagogin. Zusätzlich gibt es eine Logopädin, die eine große Bereicherung für das Team darstellt.

Meine Einsatzgruppe wird von der Praxisanleiterin der Einrichtung geführt. Sie betreut 16 Kinder im Alter von 2;10 bis 4;10 Jahren. Die acht Jungen und acht Mädchen der „Bienchen"-Gruppe schätzen ihre Gruppenerzieherin sehr. Im Sommer findet ein Wechsel der Kinder statt, da die größeren Kinder der Gruppe in die Vorschule gehen und Krippenkinder nachrücken.

5 Situation vor der Einführung des „Sächsischen Entwicklungsbaumes" im April 2015

5.1 Aktuelle Situationsanalyse vor der Einführung des „Sächsischen Entwicklungsbaumes"

Um die aktuelle Situation in der Einrichtung zu erfassen und um zu sehen, wie die Mitarbeiter bezüglich Beobachtung und Dokumentation arbeiten, wählte ich die schriftliche Methode mittels eines Fragebogens. Diesen teilte ich noch vor der Weiterbildung im Januar aus, da ich individuelle und unverfälschte Meinungen über die derzeitige Situation erfragen wollte.

Ich stellte Fragen, wie: „Was sind Gründe, die Sie von Dokumentationen fernhalten?", oder „Haben Sie sich bereits mit dem „Sächsischen Entwicklungsbaum" beschäftigt?", „Wenn ja, gibt es erste Bedenken/Gedanken?". Einfacher erwies sich die Auswertung von Fragen, wie: „Wie häufig dokumentieren Sie Beobachtungen?" oder „Mit einer bestimmten Beobachtungsmethode - Ja/Nein". Bei diesen Fragen konnte ich mit kurzen und knappen Antworten rechnen. Um eine gute Übersicht der Antworten zu haben, entschied ich mich für die tabellarische Übersicht. Der Leiterin Frau A. überreichte ich diese Übersicht zur Auswertung. Ich bekam von den 16 ausgeteilten Fragebögen 13 wieder zurück.

Die Leiterin sprach oft mit ihrem Team über das neue Verfahren und lud eine Autorin im Januar 2015 zu einer hausinternen Weiterbildung ein, um alle pädagogischen Fachkräfte ausreichend auf das Verfahren vorzubereiten. Auch ich durfte an dieser Weiterbildung teilnehmen und machte mir Notizen zu den Aussagen der einzelnen Teammitglieder. Nach diesem Abend verglich ich die Meinungen von der schriftlichen Befragung und die Aussagen bei der Weiterbildung. Ich konnte eine Übereinstimmung feststellen und wertete diese im März mit der Leiterin gemeinsam aus. Sie bedankte sich für das Aufzeigen der Meinungen ihrer Mitarbeiter und wir sprachen über Pläne und Vorstellungen zur Umsetzung.

Im folgenden Abschnitt lege ich die derzeitigen Strukturelemente bezüglich der Dokumentation in der integrativen Kindertagesstätte „X" dar.

Der zeitliche Rahmen für Vor- und Nachbereitungszeit in den Altersstufen ist unterschiedlich, das heißt, dass es im Krippenbereich keine separate Zeit für Beobachtung und Dokumentation gibt. Die pädagogischen Fachkräfte decken diese Arbeit in der gemeinsamen Schlafwache ab und haben dabei erschwerte Bedingungen. Diese Bedingungen beziehen sich auf unpassende Lichtverhältnisse, da der Raum abgedunkelt ist. Des Weiteren ist oft keine langanhaltende Ruhe und es kommt häufig zu Unterbrechungen, da gerade die kleineren Kinder ihre Bedürfnisse nur in Schreien oder mit Unruhe zum Ausdruck bringen. Auch die materiellen Gegebenheiten im Krippenbereich sind schwierig, da sich die ergonomischen Sitzmöglichkeiten in den Gruppenräumen befinden und nur zwei Schreibtische für ca. vier Mitarbeiterinnen vorhanden sind. Der Raum für die gemeinsame Schlafwache hat den Vorteil, dass die Erzieherinnen gemeinsam über ihre Beobachtungen sprechen können. Doch haben sie ihre Materialien für Portfolio oder Dokumentation nie vor Ort, da diese sich in den angesprochenen Gruppenräumen befinden.

Anders sieht es dagegen im Kindergartenbereich aus. Dort haben die Erzieher-/innen eine Vorbereitungszeit, allerdings ist diese auch verschieden. In den altersheterogenen Gruppen von 2 - 4 Jahren haben die Erzieher-/innen weniger Vorbereitungszeit, als die Vorschulgruppen. Bei den Erzieher-/innen der Vorschulgruppe gibt es eine feste und vom Träger vorgeschriebene Bearbeitungszeit, welche 10 % ihrer Stundenzahl beträgt. Die Lichtverhältnisse sind ähnlich wie im Krippenbereich, da auch diese Räume im Kindergartenbereich abgedunkelt werden.

5.2 Pläne und Vorstellungen zur Umsetzung und Weiterführung des „Sächsischen Entwicklungsbaumes"

Das Gespräch mit Frau A. fand am 08.04.2015 statt und gab mir einen Überblick von den Plänen und Vorstellungen der Umsetzung des Beobachtungsverfahrens. Sie selbst lernte den „Sächsischen Entwicklungsbaum" als Beobachtungs- und Dokumentationsverfahren im Juni 2014 kennen. Vier Mitarbeiter der Einrichtung erhielten im September 2014 erste Eindrücke und im gesamten Team wurde im Dezember 2014 darüber gesprochen. Die hausinterne Weiterbildung wurde von einer der Autorinnen des Sächsischen Entwicklungsbaumes geführt und fand am 13. Januar 2015 statt. Zur Einführung bzw. Anwendung sollte es spätestens Anfang April kommen, doch verzögerte sich diese, sodass es zur tatsächlichen Anwendung Mitte April kam. Für Frau A. waren die Items eindeutig, ob dies auch für ihre Mitarbeiter-/innen so ist, stellte sich in den nächsten Wochen heraus.

Mit einem ersten Feedback, nach der Einführung im Krippenbereich, rechnet Frau A. in den nächsten Wochen. Grundsätzlich ist es angedacht, dass das neue Beobachtungs- und Dokumentationsverfahren bei allen Entwicklungsgesprächen Anwendung findet und langfristig die Entwicklungsgespräche unterstützt. Die Teamabsprachen im Krippenbereich werden weiterhin in der gemeinsamen Schlafwache stattfinden. Wenn es nötig ist, haben die Krippenerzieherinnen die Möglichkeit über ihre Beobachtungen zu sprechen und anschließend zu dokumentieren. Dabei ist es angedacht, dass sich die Erzieherinnen vereinzelt für 30 - 45 Min. in ihren Gruppenraum zurück ziehen können.

Im Kindergartenbereich wird den Mitarbeitern Vorbereitungszeit gegeben, da diese grundsätzlich alleine in der Gruppe sind. Außerhalb der Kontaktzeit können sie dann dokumentieren, Absprachen führen und andere zusätzliche Aufgaben erledigen. Regelmäßiges Feedback zur Handhabung erwartet die Leiterin besonders nach Elterngesprächen, da gerade nach diesen Gesprächen die Handhabbarkeit in Entwicklungsgesprächen reflektiert werden kann. Derzeit stehen noch keine Termine fest, dennoch wird Frau A. in kleineren Teamsitzungen Rückmeldung erfragen. Eine weitere wichtige Frage war die Zusammenarbeit mit der Schule. Dieser stellte sie bereits im Februar 2015 das neue Beobachtungsverfahren vor, um dort zu erfahren, ob auch Lehrer-/innen sich die Weiterführung vorstellen können. Frau A. ist dies sehr wichtig, denn aufgrund der Nachbarschaft von Kita und Schule ist die Zusammenarbeit sehr eng und es wird gut kooperiert. Die Meinung der Direktorin fiel sehr positiv aus. Diese Zusage bedeutet, dass die ersten Hefte des „Sächsischen Entwicklungsbaumes", in einigen Jahren übergeben werden.

6 Umsetzung des „Sächsischen Entwicklungsbaumes" in der Kindertagesstätte „X"

6.1 Konkretisierungen der einzelnen Items

Anfang April setzte ich mich mit den Mitarbeitern des Krippenbereiches zusammen, um die einzelnen Items zu definieren. Ich bereitete alle Items der Bildungsbereiche auf meinem Laptop vor, um sie den Erzieher-/innen vorlesen zu können. Die Anzahl der anwesenden Erzieherinnen war meist vollständig. Dies war wichtig und ein Kriterium meinerseits, da ich möglichst viele Meinungen einholen wollte, um spätere Meinungsverschiedenheiten zu vermeiden. Die Besprechungen fanden immer in der Mittagszeit statt, da dies die einzige Möglichkeit war, dass alle zusammen kamen. Ich las ihnen die einzelne Punkte vor und schrieb auf, welche Ergänzungen die Erzieher-/innen hinzugefügt haben wollten.

Nach kurzer Erklärung begann ich die Punkte vorzulesen. Die unterschiedlichen Meinungen wurden sachlich dargelegt und begründet. Oft gab es auch gleiche Reaktionen bei den einzelnen Punkten, z.B. als es um den Punkt: „den Toilettengang selbstständig ausführen", ging. Hier war sich jeder sofort einig, dies genau definieren zu müssen. Schließlich einigte man sich darauf, dass das An- und Ausziehen, das „Abwischen" sowie Hände waschen auch dazu gehört. Je höher es in die Zweigschicht des Baumes ging, umso mehr verdeutlichte sich, dass viele der Items voraussichtlich erst im Kindergartenalter eine Rolle spielen werden. Dies zeigte sich insbesondere im mathematischen Bildungsbereich. In diesem Bildungsbereich sind erste Punkte „rund / eckig unterscheiden und benennen" oder „dick / dünn verstehen, zeigen und benennen (Rosa Turm)" angegeben. Bei diesen Punkten fanden interessante Gespräche mit Beispielen zu Kindern statt und es stellte sich für alle als schwer heraus, in diesem Bereich Kreuze zu setzen. Auch im kommunikativen Bildungsbereich unter den Begriffen „Schrift und Medien" werden zum größten Teil viele Kompetenzen erst im Kindergartenalter erfüllt werden können. Die Ausarbeitung zu den einzelnen Punkten dauerte sechs Tage und war für alle eine sehr motivierende und gute Zusammenarbeit.

Die Besprechungen im Kindergartenbereich gestalteten sich schwieriger, da die Kollegen nie alle gleichzeitig Dienst hatten. So konnte ich zu allen nur einzeln gehen, um mir ihre individuellen Meinungen einzuholen. Die Reaktionen waren unterschiedlich, da sie wissen, dass sie es erst in einigen Jahren betreffen wird. Dies ist keineswegs negativ gemeint. Hier spielt lediglich der zeitliche Aspekt eine Rolle. Sie verstanden, dass der spätere Ablauf reibungslos passieren soll und machten sich alle ihre Gedanken dazu. Die Meinungen gingen auseinander, da für die Einen die Items eindeutig waren und Andere hingegen Manches noch vertiefen würden. Eine Kollegin fragte mich bezüglich des ästhetischen Bildungsbereiches „Instrumente kennen und benennen", ob alles, mit dem man musizieren kann, als Instrument gilt oder die rein klassischen Instrumente gemeint sind. Für Andere hingegen stellt sich die Frage nicht. Sie denken dabei nur an klassische Instrumente.

Um für einen reibungslosen Ablauf zu sorgen, habe ich alle besprochenen Inhalte aufgeschrieben und ausgedruckt. Dabei habe ich die einzelnen Items so angelegt, dass die Mitarbeiter-/innen des Krippenbereiches von oben anfangen können. So kann unnötiges Suchen vermieden werden. Da manche Inhalte des sächsischen Bildungsplanes zusammen gefasst wurden oder sich ein Inhalt über zwei Spalten oder auch zwei Seiten zusammenfügt, habe ich eine graue Trennlinie eingefügt. Diese verdeutlicht, dass wieder von unten mit Lesen angefangen wird.

Vor dem Ausdruck der definierten Items habe ich die Unklarheiten mit Frau A. besprochen. Anschließend habe ich die Ausarbeitung den Mitarbeitern des Krippenbereichs gegeben. Mir fiel auf, dass die meisten Items eindeutig waren, z. B. dass das Kind „Wärme, Schmerz und Berührungen fühlen kann". Wenn es wiederum Unklarheiten gab, habe ich diese, nach Absprache, verständlich notiert. Dies betraf z.B. im mathematischen Bildungsbereich den Item „Sich im Raum orientieren / Richtungsverständnis". Dieses Item haben wir unterteilt in Orientieren und Richtungsverständnis, anschließend wurden Beispiele hinzugefügt.

Auch bei den Materialien nach Maria Montessori hatte ich das persönliche Anliegen, Unklarheiten auszuschließen, deshalb stellte ich eine Seite mit Bildern und kurzen Erklärungen zusammen.

Bei meinen nächsten Überlegungen war mir eine gute Handhabbarkeit und Übersichtlichkeit der definierten Items wichtig. Ich gestaltete eine zusammengefasste Seite, die alle Unklarheiten und definierten Items darstellt und möchte damit eine Arbeitserleichterung erreichen.

6.2 Umsetzung innerhalb des Krippenbereiches

Die Umsetzung im Krippenbereich war eine sehr gute und kooperative Zusammenarbeit.

Sechs Erzieherinnen wählten jeweils zwei Kinder aus, die sie in den nächsten Wochen beobachten werden. Ich erhielt alle 12 ausgeteilten „Sächsischen Entwicklungsbäume" nach ihren Beobachtungen und Dokumentationen wieder zurück und wir sprachen über die Umsetzung. Sie teilten mir mit, dass ihre Kenntnisse zum sächsischen Bildungsplan noch sehr gut sind und sie dadurch einen leichten Einstieg hatten. Auch die einfache Handhabung fiel den Meisten gleich zu Beginn auf, sodass sie keinerlei Probleme hatten. Lediglich bei den Angaben auf der Vorderseite gab es unterschiedliche Meinungen. Die Einen schrieben das Alter hinzu, Andere hingegen nicht. Sie sprachen darüber, ob es denn notwendig ist, da das Kind individuell betrachtet werden soll. Ich erkundigte mich bei Frau A. und wir einigten uns darauf, dass das Geburtsdatum mit notiert werden soll. Die Vorderseite ist dann mit den Angaben des Vor- und Zunamens sowie des Geburtsdatums und des Datums, wann das Buch begonnen wurde, versehen. Beim Ausfüllen der Items fiel ihnen auf, dass sie die Kinder sehr gut kennen. Einige von ihnen nahmen sich ihre bisherigen Beobachtungs- und Dokumentationsverfahren und übertrugen ihre Aufzeichnungen. Bei bestimmten Items fiel ihnen auf, dass verschiedene Situationen im Alltag nicht wahrgenommen werden, da stets die ganze Gruppe gesehen wird und selten ein einzelnes Kind im Fokus steht. Sie überlegten sich bestimmte Übungen, in denen sie die Inhalte des „Sächsischen Entwicklungsbaumes" bewusst ausprobierten und konnten sich nach mehrmaliger Beobachtung eine Meinung bilden. Ihre Ergebnisse bei der Umsetzung waren ähnlich. Die Meisten empfinden das Heft als sehr praktische und einfache Handhabung, welches dennoch viele wichtige Punkte enthält. Für Manche hingegen ist es irritierend ohne Altersangaben zu arbeiten, da sie es für die Einschätzung der Kinder als wichtig empfinden. Sie sagten, dass sie Beobachtungsverfahren bisher nur mit Altersangaben kennen und es daher eine Umstellung für sie ist. Bei meinen Fragen zur Umsetzung teilten sie mir außerdem mit, dass es im Krippenalter noch gut überschaubar ist und sie die ersten Punkte im somatischen Bildungsbereich als sehr einfach zu beobachten empfinden. Eine andere Erzieherin meinte daraufhin, dass die Kinder ab dem siebten Lebensmonat in der Einrichtung aufgenommen werden und nichts selbstverständlich ist in der Entwicklung der Kinder.

Die Erzieher-/innen konnten außerdem feststellen, dass die Beobachtung und Dokumentation in diesem Alter noch überschaubar ist und sich der zeitliche Aufwand ab dem Kindergartenalter sicherlich intensivieren wird.

Bezüglich der definierten Items sagten mir die Meisten, dass es keine Probleme gab. Sie arbeiteten lieber mit der Zusammenfassung, da sie handlicher und übersichtlicher ist. Bei der vollständigen Übersicht, auf der auch die eindeutigen Items stehen, überlegten drei Erzieherinnen, wo welche Punkte stehen. Daher ist meine Überlegung, ob ich die Optik noch dem „Sächsischen Entwicklungsbaum" anpasse. Die Erzieher-/innen im Krippenbereich waren sich einig, dass einige Items „Ansichtssache" sind und im „Auge des Betrachters" liegen, doch ist ihr Gesamteindruck sehr positiv. Sie haben viele Vorteile des „Sächsischen Entwicklungsbaumes" erkannt und fragten bereits nach, ob sie weitere Hefte bekommen können. Sie werden diese bereits in den nächsten Wochen bei ersten Entwicklungsgesprächen verwenden.

6.3 Umsetzung des „Sächsischen Entwicklungsbaumes" innerhalb meiner Einsatzgruppe

Bei der Umsetzung innerhalb meiner Einsatzgruppe war es meiner Mentorin und mir wichtig, uns unabhängig voneinander ein Urteil zu bilden. Wir suchten uns vier Kinder aus, die wir beobachteten und dokumentierten jeder für sich. Die ersten Einschätzungen fielen meiner Mentorin sehr leicht, da sie die Kinder schon länger kennt und dadurch Einiges bereits ankreuzen konnte. Auch ich konnte häufig wahrgenommene Vorgänge beobachten und einige Items ankreuzen. Mir fiel sehr schnell auf, dass ich beim somatischen und sozialen Bildungsbereich mehr Kreuze setzen konnte, als in den darauf folgenden Bildungsbereichen. Grund dafür sehe ich darin, dass diese ersten beiden Bildungsbereiche im gesamten Tagesablauf gegenwärtiger sind. In den anderen Bereichen können einige Items nur in Verbindung mit Aktivitäten oder gesetzten Impulsen festgestellt werden. Als ich meine Mentorin darauf ansprach, sagte sie mir, dass es ihr ähnlich ergangen ist. In den darauffolgenden Tagen und Wochen hatte ich mir Übungen und Aktivitäten überlegt, die ich im Freispiel in Kleingruppen durchführte. Mir fiel dabei auf, dass ich die Kinder viel besser und intensiver kennenlernen und beobachten konnte. Diese Aktivitäten und Übungen wiederholte ich des Öfteren um mir sicher zu sein, dass das jeweilige Kind über entsprechende Kompetenzen verfügt und kreuzte die Items im „Sächsischen Entwicklungsbaum" an. Meine Mentorin bereitete ebenfalls Aktivitäten vor, die nicht mit meinen in Verbindung standen. Ich

konnte dadurch neue Ideen sammeln und wir sprachen über die jeweiligen Beobachtungen. Uns fiel auf, dass wir die Kinder im Alltag oft nur in der Gruppe betrachten
und selten als einzelnes Individuum wahrnehmen. Das dies so ist, ist aufgrund der
Rahmenbedingungen völlig normal. Als Erzieherin hat man die Verantwortung für alle
Kinder, auch bei einer Gruppengröße von z. B. 16 Kindern, doch ist nur wenig bzw.
keine Zeit sich nur mit Einzelnen zu beschäftigen.

Wir konnten feststellen, dass einzelne Fähig- und Fertigkeiten eines Kindes teilweise
nicht gesehen wurden, da auch der Blick selten nur bei einem Kind sein konnte. Diese
Tatsache motivierte uns für weitere individuelle Beobachtungen.

Nach mehrmaligen Beobachtungen fiel uns auf, dass wir Items nicht mehr suchten,
sondern bereits wussten, wo sie zu finden sind. Wir konnten zielgerichtet unsere Kreuze setzen und erkannten erneut den Vorteil des „Sächsischen Entwicklungsbaumes".
Bei den Begriffen der Montessori-Materialien wussten wir durch die Abbildungen und
Beschreibungen, was gemeint ist, doch wäre es hier von Vorteil, wenn diese Materialien in der Einrichtung zur Verfügung stehen würden. Des Weiteren fiel uns auf, dass
der fachliche Austausch über die Beobachtungen sehr hilfreich ist und wichtig für die
Reflexion der eigenen Arbeit. Der „Sächsische Entwicklungsbaum" ist ressourcenorientiert angesetzt und dies ist auch der wichtigste Punkt, den wir bei diesem Beobachtungsverfahren sehen. Es ist richtig, dass Kind mit seinen Stärken und seinen positiven
Eigenschaften zu sehen.

7 Zusammenfassung

In dieser Arbeit kann keine endgültige Antwort auf die Frage gegeben werden, ob sich
diese gute Theorie für alle als praktisches Beobachtungs- und Dokumentationsverfahren herausstellt. Doch hat der „Sächsische Entwicklungsbaum" als einheitliches Be-
obachtungs- und Dokumentationsverfahren in einer Kindertagesstäte viele Vorteile und
ist in der Umsetzung sehr zweckmäßig. Dass die Einrichtung nun über solch ein einheitliches Beobachtungs- und Dokumentationsverfahren verfügt, ist nicht nur für die
Mitarbeiter-/innen eine Bereicherung, sondern auch für die Praktikanten. Sie erhalten
oft die Aufgabe zu dokumentieren und wissen häufig nicht, welches Verfahren sie dafür
anwenden können. Durch diese Einführung besteht nun die Möglichkeit, ihnen das
Verfahren vorzustellen und dies in Verbindung mit den Inhalten des sächsischen Bildungsplanes. Ein weiterer wichtiger Aspekt, weshalb ich dieses Thema übernommen
habe, war der Wunsch der Mitarbeiter-/innen nach Einheitlichkeit. Bei der Umsetzung
innerhalb der Einrichtung wurden mir verschiedene Meinungen und Gesichtspunkte
deutlich. Für die Einen sind die im Kapitel 3.3 angesprochenen Vorteile erkennbar und

Andere sehen eher die Nachteile. Besonders der zeitliche Aspekt von Beobachtung und Dokumentation ist für die Meisten ein Nachteil. Genau darin sieht aber die Leiterin den Vorteil, denn der „Sächsische Entwicklungsbaum" ist zeitlich handhabbar. Dass ein Beobachtungsverfahren eingeführt wird, ist unabdinglich und vom Träger so vorgesehen, denn wie ich bereits im Punkt 2 angesprochen habe, gibt es dafür eine gesetzliche Grundlage.

Durch die wissenschaftliche Methode, die Befragung, konnte ich darin auch das große Ziel der Leiterin erkennen. Sie wünscht sich für ihr Team auf lange Sicht eine Arbeitserleichterung und ein Verfahren, welches zeitlich mit der restlichen Arbeit der Erzieher-/innen vereinbar ist und eine Unterstützung darstellt. Denn besonders bei Entwicklungsgesprächen kann ein solches Beobachtungs- und Dokumentationsverfahren gut eingesetzt werden. Dass es besonders am Anfang für Jeden eine Mehrbelastung darstellt, ist nachvollziehbar, doch rücken die Dokumentation und die Entwicklungsgespräche immer mehr in den Fokus. Zudem bin ich der Meinung, dass es gerade in der Pädagogik so viel Entwicklung gibt und dies betrifft insbesondere die eigene Arbeit. Ein Sprichwort aus Japan besagt: „Fürchte dich nicht vor langsamen Veränderungen, fürchte dich vor dem Stillstand." Dieser Ansicht bin ich persönlich auch und dies nicht nur in beruflicher Hinsicht.

Mein Ziel war es, gemeinsam mit den Mitarbeiter-/innen der Einrichtung die Umsetzung zu vollziehen. Dies habe ich erreicht. Sie sprachen mit mir über ihre persönliche Einschätzung, ihre empfundenen Vor- und Nachteile und wie sie die ersten Beobachtungen und Dokumentationen vollzogen haben. Des Weiteren arbeitete ich mit ihnen die Items aus und bereitete eine Übersicht vor. Anstehende Entwicklungsgespräche werden mit dem „Sächsischen Entwicklungsbaum" in den kommenden Wochen durchgeführt. Im Anschluss daran wird es erste Meinungen vom Personal und auch den Eltern geben. Zu der Umsetzung im Kindergartenbereich wird es bereits im nächsten Jahr kommen, wenn die Kinder von der Krippe in den Kindergartenbereich wechseln. Langfristig gesehen ist die weiterführende Arbeit in der Grundschule angedacht und dies wurde bereits in ersten Gesprächen von der angrenzenden Grundschule bestätigt. Die Kooperation und Zusammenarbeit funktioniert sehr gut.

Meine Einschätzung zum „Sächsischen Entwicklungsbaum" ist sehr gut. Er stellt zwar eine zusätzliche Arbeit dar, doch dies ist zeitlich gut vereinbar. Die Handhabung und die hohe Aussagekraft sehe ich als sehr positiv. Des Weiteren konnte ich feststellen, dass die von mir im Kapitel 2 angesprochenen Punkte nicht nur Theorie sind, sondern fester Bestandteil der täglichen Arbeit. Der individuelle und ressourcenorientierte Blick auf ein Kind geht im Gruppenalltag oft verloren. Dies sollte aber nicht so sein. Die gezielte Beobachtung gibt mir die Möglichkeit zur Selbstreflexion und die Chance Kinder noch besser kennen zu lernen.

8 Literaturverzeichnis

- Anja Scholz-Petzold, Kathleen Siebert: Sächsischer Entwicklungsbaum. Für Kinder im Alter von 0 - 10 Jahren (Dritte Auflage), o. O., Februar 2014

- Befragung an Frau A., Silke: Leiterin der integrativen Kindertagesstätte „Am Sta-dion, in einem Interview am 08.04.2015, nach Aufzeichnungen des Verfassers.

- Sächs.KitaG §2 (1) Sächsisches Gesetz zur Förderung von Kindern in Tageseinrichtungen (Gesetz über Kindertageseinrichtungen – SächsKitaG) Sächs-GVBl. Jg. 2009 Bl.-Nr. 6 S. 225 Fsn-Nr.: 814-1/2 Fassung gültig ab: 01.03.2012

- Sächsiches Staatsministerium für Kultus und Sport: Der Sächsische Bildungsplan - ein Leitfaden für pädagogische Fachkräfte in Krippen, Kindergärten und Horten sowie für Kindertagespflege, Weimar - Berlin: das netz 2011